FRANKLIN VIRGÜEZ

QUIÉN HA VISTO NEGRO COMO YO

*Los calvarios del negro
en la telenovela venezolana*

BRANDEDLiVES

QUIÉN HA VISTO NEGRO COMO YO
Los calvarios del negro en la telenovela venezolana

Autor: **Franklin Virgüez**
Corrección editorial : Carlos Alfonso Pérez
Diseño y maquetación: Ysmerio Antonio Rodríguez
Ilustración de Portada: Rayma Suprani   www.raymasuprani.com
Fotografías: Banco de imagenes RCTV
Editorial: **Branded Lives**
ISBN: **978-1-962388-33-7**
www.FranklinVirguez.com
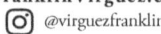 @virguezfranklin

DEDICATORIA

A Dulce mi esposa
motivatora y eterna musa.

A mis Hijas Yellice y Jessica
determinan la palabra
orgullo.

A mi nieto Andre
continuidad del tiempo.

Y por supuesto el trabajo
literario de investigación
dedicado a:

Tomás Henríquez
Juglar de profunda
sensibilidad histriónica

"EL PINTAS" EN BLANCO Y NEGRO

A principios del año 1992, cuando se iniciaban las grabaciones de la telenovela *Por estas calles*, fui testigo, como parte del equipo de escritores, de una situación, tan azarosa y tensa como absurda y finalmente risible, que se generó en medio de la filmación de una de sus escenas. De acuerdo con el verismo social que animaba el discurso de esta producción, necesitábamos mostrar, con toda la fidelidad posible, la vida de las comunidades populares de Venezuela (la estrechez, la inopia, el malandraje[1]), y fue así como la caraqueña Parroquia 23 de enero[2] (en donde Franklin vivió una parte importante de su juventud), fue escogida para recrear lo que en el libreto llamábamos el Barrio Moscú[3].

El hecho es que el personaje de Eudomar Santos[4] (interpretado por Franklin) era víctima, según lo que habíamos escrito, de un asalto de parte de unos bandidos que lo encañonaban con sus revólveres (de utilería, por supuesto), mientras le proferían urgentes amenazas. Y todo marchó correctamente hasta que una tercera pistola

---

1   Término coloquial venezolano que alude a la delincuencia callejera o al comportamiento de "malandros" (delincuentes comunes).

2   Barrio emblemático de Caracas, conocido por su historia política y popular, asociado a movimientos sociales desde los años 60.

3   Nombre ficticio de un barrio popular de Caracas utilizado en la telenovela *Por estas calles* para representar zonas marginales.

4   Personaje icónico interpretado por Franklin Virgüez en la telenovela *Por estas calles* (1992), símbolo del pueblo venezolano.

(peligrosamente verdadera) entró a cuadro y se posó en la cabeza de uno de los actores.

El hombre que sostenía esa pistola, un lugareño que indudablemente zozobraba en un intenso delirio psicotrópico, a pesar de que el lugar estaba desbordado por toda la parafernalia de luces, monitores y cámaras, no logró diferenciar la realidad de la ficción, y les exigió a los supuestos asaltantes que soltaran al "Pintas" (refiriéndose a Franklin), o "los detonaba allí mismo".

La tensión duró hasta que lograron convencer al sujeto de que no se trataba de un asalto real, sino de una realización televisiva, de la que su antiguo vecino era parte. Al cabo, el tipo bajó el arma y luego, con ínfulas de director, le exigió al entorno de curiosos y viandantes: "Bueno, ¡silencio! ¡¿No ven que estamos grabando?!" Y se marchó, tras un gesto de afecto y felicitación para "El Pintas"[5], su pana[6] Franklin Virgüez.

Esta anécdota, con su extraña imbricación entre veracidad y fantasía, de alguna manera nos ilustra el asunto central de este libro que ahora tenemos en las manos, y que, grosso modo, se refiere a la invariable obligación de los actores negros de representar los roles de la pobreza en la televisión venezolana. Franklin, desde la piel oscura de su origen humilde, no hacía el papel de un médico ni

---

5   Apodo del actor Franklin Virgüez en la serie; "pintas" se usa en Venezuela para referirse a alguien pintoresco o con estilo peculiar.

6   Voz coloquial venezolana que significa "amigo" o "compañero cercano".

de un gerente, sino el de un proletario chancero[7] y sin recursos (Eudomar Santos), tal y como lo establecía la norma no escrita de los castings, y tal y como, en buena medida, fue la vida real de Franklin antes de lograr su superación profesional y de consagrarse como un referente actoral de nuestro país.

Lo que nunca supo el tipo aquel que sembró el pánico durante la grabación, es que desde entonces Franklin ya estaba gestando una obra como esta, que constituye una excelente disertación sociológica y un testimonio fascinante de su propia historia, con el atractivo adicional de que sus páginas están escritas desde las entrañas de la industria del entretenimiento que el socialismo, con toda intención, llevó al estado actual de vida vegetativa.

Los grandes nombres de nuestra pantalla desfilan aquí, desgranando, en medio de la cotidianidad de su "modus arepandi"[8], los detalles íntimos del quehacer ancestral de la representación histriónica y expresando sus opiniones con respecto a la dejación endémica que todavía en la televisión de nuestros países se les inflige a los actores "de color".

Escrito en un tono riguroso y simultáneamente fresco, este volumen expone el prejuicio inmerecido y desatinado del racismo en la pantalla y esboza la triste realidad de un mundo (nuestro mundo) que parece avergonzarse de

---

7   En jerga venezolana, persona pícara o de suerte, que resuelve los problemas con astucia.

8   Se refiere el prologuista a una variante de la expresión "modus vivendi" (la forma en que la gente se gana la vida), que juega con la creación "arepandi" para hacer alusión a la arepa: el alimento primordial de los venezolanos.

los elementos que lo componen, incluso luego de que las sociedades más desarrolladas del planeta han superado los escrúpulos inconducentes de la discriminación.

Este es en definitiva un libro encantador que, al tiempo en que nos alumbra el entendimiento sobre un asunto puntual de nuestra realidad colectiva, asimismo nos divierte y hace un responsable llamado a nuestra comunidad cultural alentándola a que asuma sin ambages su identidad, para, desde allí, edificar la grandeza que todavía luce preterida por cuenta de sus propios complejos.

Se ha dicho que el prólogo es el segmento de un libro que se escribe de último, se coloca de primero y que nadie lee. Espero, en aras de contextualizar el estupendo material aquí ofrecido, que este caso sea una excepción, y agradezco infinitamente a Franklin, primero, por su amistad de tantos años, de seguidas, por colocar como epígrafe de su trabajo mi relato breve "El color de la conciencia", y, por último, por darme el honor de presentar un libro que, sin duda, es una pieza angular del pensamiento contemporáneo de este extenso y promisorio pedazo del mundo que llamamos Hispanoamérica.

Carlos Alfonso Pérez

"La vida no es la que uno vivió, sino la que uno recuerda y cómo la cuenta."

— Gabriel García Márquez

Esta es la memoria de los que no tuvieron voz en la pantalla, y ahora reclaman su lugar en el relato.

CONTENIDO

Negro que te quiero negro

EN LA TV A COLOR EL NEGRO NO SE VE

En la calle 33 de Barquisimeto, sobre la tierra donde luego se edificaría la Urbanización Antonio José de Sucre, jugábamos partidas callejeras de beisbol, y entre el estropicio de muchachos destacaba un negrito al que todo le salía bien: bateaba, corría, atajaba. De manera que todos queríamos tener en nuestro equipo a Argenis, porque en verdad era una estrella y por lo tanto garantía de victoria. Pero ese brillo de inmediato se opacaba bajo el lente de la determinación social: él era buen pelotero porque era negro, "y a los negros se les da bien la pelota, y esas cosas". Así se pensaba.

Argenis refulgía durante el juego y, al terminar, volvía a ser simplemente un negro, de los que no se toman en serio, de los que sólo sirven para el esfuerzo físico y para maravillar prostitutas con su virilidad "superdotada". Pero Argenis, ante todo, era un buen tipo, absolutamente sano, solidario, que nos dejaba colar en el cine donde estaba a cargo del proyector, y que fue haciendo su vida y su progreso a punta de virtud. "¿Qué pasó, King Kong, te quedaste dormido?", gritaba cualquiera si la película se atascaba. Y cuando se compró el Volkswagen destartalado (que nosotros no teníamos), el dardo era más hiriente: "¿Dónde te lo robaste?

Su problema era ser negro, porque eso de antemano le prohibía disfrutar del respeto que cualquiera se merece por su decencia y su trabajo. Y lo peor es que él aceptaba ese maltrato disfrazado de jocosidad, esa exclusión, que, a todas estas, le infligíamos otros negritos, aunque con el pelo liso de la sangre indígena, y por lo cual éramos "menos inferiores".

Ese es el asunto que nos reunirá en estas páginas: el racismo como origen de los estereotipos que condujeron a que, en la TV, y en particular en el género de la telenovela, el negro todavía no se vea. Un fenómeno que se filtró de la vida a la pantalla. "Negro no da rating", eso decían, y ante una sentencia tan inapelable como esa, yo, desde mi condición de actor y desde mi piel oscura, me sigo preguntando: ¿Por qué?

En 1991 (antes de que se transmitiera *Por estas calles*) presenté, con mi amiga Ximena Iribarren, estas líneas como trabajo de grado para optar al título de licenciado en Comunicación Social de la Universidad Central de Venezuela. Luego vino Eudomar Santos, que comenzó a tener vida propia, apoderándose del afecto de la teleaudiencia, y algo cambió en el ambiente.

El personaje de Eudomar Santos fue la primera demostración de que un negro sí podía protagonizar un melodrama exitoso, aunque (eso sí) bajo la cláusula del negro pobretón, inculto y cuentero; y fue así como esta obra empezó a comentarse insistentemente entre mis amigos y colegas, e incluso en algunos diarios venezolanos. Sólo que permaneció siempre en el estatus de "libro por publicar", hasta ahora, que les traigo a ustedes todos los intersticios de mi incursión en este tema, desde las mismas entrañas del medio de la telenovela, con el concurso de actores, directores, productores y ejecutivos que son parte de nuestra historia audiovisual, y fundamentándome en la metodología y enfoque antropológico que para el caso ofrece la maravillosa obra de Esteban Emilio Mosonyi, *Identidad nacional y culturas populares.*

No es casualidad que las telenovelas y series de toda Hispanoamérica hoy se hacen para que las protagonicen personas blancas y, preferiblemente, de ojos claros, mientras los negros y los indios estamos destinados a aparecer poco, y, cuando lo hacemos es en papeles de sirvientes, malhechores o personajes cómicos. La idea de que los caracteres caucásicos son "mejores" y "más vendibles", todavía sigue viva en la televisión hispanohablante, y esa creencia castiga no sólo a los actores y actrices con estos genes, que no tienen oportunidades, sino, además, al televidente "de color" que no se ve representado con respeto y dignidad.

La buena noticia es que eso puede y tendrá que cambiar. Es obvio que, si la televisión (desde la tv abierta hasta la *streaming tv*) muestra más diversidad y da espacio a todos los colores, orígenes y culturas, puede ayudar a romper prejuicios y a que nos veamos como realmente somos en Latinoamérica: sociedades diversas. Para eso hacen falta decisiones valientes dentro de los medios, según las cuales se empiece a valorar el talento antes que el estereotipo.

En el caso específico de Venezuela, la política ha jugado un papel fundamental en el desmoronamiento de los medios de comunicación, y, por lo tanto, ha generado la desaparición del género de la telenovela y de los seriados en general. Valga, pues, recomendar que en la reconstrucción que hagamos del país, tomemos en consideración estos aspectos históricos para que en la nueva pantalla seamos capaces de transmitir con propiedad y elegancia, y con belleza y verdad, nuestro mundo, tan heterogéneo como fascinante.

*"La diversidad nos hace bellos,
y la unidad, poderosos."*
— Maya Angelou

Cada rostro negro que aparece
en la pantalla es una página que
vuelve a escribirse en la historia.

Negro
tenias que ser

CONVERSATORIO Y BÚSQUEDAS CON LOS IMPLICADOS EN EL TEMA

ARQUÍMEDES RIVERO

El papá de los helados[9].

Arquímedes Rivero (cubano de nacimiento, aunque la mayor parte de su vida la hizo en Venezuela), es una referencia obligatoria para tratar este y cualquier otro tema relativo a la televisión venezolana. Fue un especialista del melodrama y, como sabemos, este género le dio durante mucho tiempo el músculo económico a la industria televisiva, de donde procede la importancia del nombre de Rivero en este quehacer.

Arquímedes Rivero se inició como actor de radionovelas (el precedente más inmediato de las telenovelas) y su voz llegó a hacerse inolvidable en producciones como *El derecho de nacer* y *Martín Valiente*. Luego se enfiló hacia la gerencia de producción de dramáticos en televisión, y tanto en RCTV como en Venevisión, logró ganarse el título de "El Zar" de las telenovelas, dada la gran cantidad de aciertos de los que estuvo a cargo, y el acopio de figuras estelares que llegó a promover.

Los domingos en la casa de Arquímedes Rivero eran muy especiales. Él invitaba regularmente a gente de la farándula

---

9   Expresión venezolana que significa "el mejor" o "el más importante" en su área.

(actores, periodistas, directores) y, mientras se degustaban los primores de la comida cubana que preparaba su esposa Marilú, los asistentes desenredaban las horas esculcando los pormenores y secretos del éxito en la pantalla. Y hasta allá fui a parar un día con mi indiscreta grabadora y la intención de que algunos de esos secretos alimentaran mi trabajo de grado.

¿Por qué dicen que usted sólo produce refritos para la televisión?

—A mí me causa gracia ese término de "refrito" porque en sí, no existen temas nuevos. El problema es cómo armes la novela, cómo la actualizas. Los escritores son unos grandes armadores, que tienen los recursos, que son unos 35 nudos novelescos y el que mejor los arme es el que más éxito tiene.

¿Cómo es el "*casting*" ideal para una telenovela?

—Yo siempre procuro, cuando hago mis castings, o mi reparto, para hablar en nuestro idioma, procuro que las familias se parezcan, que exista una compenetración entre los artistas, es decir, tratas de que un determinado actor, pegue con una determinada actriz y que a su vez éstos tengan aceptación en el público. Yo no busco los personajes para el actor sino el actor para los personajes.

¿Entonces cuáles son las características de una pareja protagónica?

—*Depende de los personajes porque yo creo que todos los actores pueden llegar a ser protagonistas de una novela, pero si es por la parte comercial indudablemente tenemos que usar la fórmula que hoy se aplica. El galán tiene que ser un tipo atractivo, de igual manera la protagonista; que si no es bella, por lo menos debe tener ángel para el público; porque hay actores y actrices que a lo mejor no son ningunos fenómenos en cuanto a la belleza, como es el caso de Caridad Canelón, que, sin ser un monumento de belleza femenina, o el prototipo anglosajón que se buscaba para protagonizar, ella, que es una actriz de una estatura gigante, un ángel de la interpretación, es bonita indudablemente, pero el fuerte de Caridad Canelón es su carisma. A mí no me tiembla la mano para repartirle a Caridad un papel protagónico, pero este caso, en verdad, no es el denominador común.*

¿Para Arquímedes Rivero, el color de la piel de un artista es determinante para encajar en la trama protagónica?

—*Por supuesto que no, y un ejemplo sería Gledys Ibarra. De las pruebas de actuación que yo hago en mi oficina, han salido muchos* de los buenos actores de hoy, y uno de ellos es Gledys Ibarra, que es una negra bella, a la cual yo le tenía el ojo puesto para cuando saliera una novela que le viniera. Ella ha estado haciendo mejores papeles, además es una persona muy especial, tiene los ojos verdes y su rostro es muy perfilado, hasta cierto punto griego, tiene una gran figura, y es una actriz de grandes kilates. Yo creo que en una novela como "Cecilia Valdez" de Cirilo Villaverde, donde la protagonista es una mestiza, la actriz ideal para protagonizarla es Gledys Ibarra.

¿Usted pondría a protagonizar a dos artistas con las características físicas de los negros?

—*¡Cómo no!, siempre y cuando estos artistas sean atractivos físicamente hablando, y exista una novela que les venga a ellos.*

¿Cómo es eso?

—*Que sea escrita especialmente para esa pareja, porque tú no vas a poner en esa novela a una pareja de descendientes de suecos. Sería interesante hacer una novela con personajes de raza negra.*

¿Qué lo ha impedido?

—*Bueno, nunca se ha planteado, la televisión venezolana está constantemente en evolución, en una búsqueda de cosas nuevas; y creo que cuando la novela es buena, ten la seguridad de que va a ser un éxito. Si ponen una novela mala con el mejor elenco del mundo, esa novela no va a tener ningún éxito, aunque le pongas las mejores reinas de belleza, blancos, negros, o chinos y aunque sean buenas actrices; si el argumento no sirve, no funciona. En cambio, si tú haces una novela con puros indios, o negros, o blancos, o chinos con un buen libreto, ten la plena seguridad de que va a funcionar.*

—*El 75% del éxito de una novela depende del libreto: eso está comprobado; entonces, pienso que sí sería interesante, y está dentro de mis planes, el hacer un experimento de novela con protagónicos de la "raza de color negro" o afrodescendiente como también se les dicen, ¿por qué no?*

¿Entonces usted no discrimina?

—*En ningún momento. Yo hago muchas pruebas de actuación, seis mil a siete mil al año, y van muy pocos actores negros. Probablemente es que no se han motivado, la culpable no es la televisión, sino los mismos actores que no se motivan, hay muy pocos. Quizás se autodiscriminan, no lo sé.*

Érase una vez...

Carolina Espada, escritora y analista del fenómeno cultural de la telenovela, egresada de la Escuela de Letras de la Universidad Católica Andrés Bello, en su libro *La telenovela en Venezuela*, aporta varios datos interesantes para esta investigación. Nos revela en su texto Carolina Espada que, antes de que ocurriera la invención de la radio, en la Cuba de 1845 un catalán de nombre Jaime Partagás, funda su fábrica de tabacos, y es allí donde, con el tiempo, aparecen los "lectores de tabacalera", individuos que amenizaba las arduas labores de los obreros torcedores (en su mayoría negros analfabetos) leyéndoles novelas europeas y en particular los folletines españoles e italianos. Así que, cuando terminaba la faena, un aliciente para volver al trabajo era la expectativa del cuento, interrumpido en su momento de más alta tensión, que se continuaría escuchando al día siguiente. De allí surgió, en buena medida, el gran negocio de la radio: las radionovelas. Y de éstas, la televisión y su gran negocio: las telenovelas. Pero el detalle paradójico de estos hechos históricos es que, desde el principio, el "gran negocio" se inició en la figura de unos negros escuchando historias de blancos.

UNA MERIENDA DE NEGROS

Los estereotipos del lenguaje en la actuacion

"Películas para ciegos".

Como queda dicho, el gran mentor del melodrama televisado fue sin duda Arquímedes Rivero, y el país en donde se inició lo que se convertiría en un género de increíble alcance cultural y en una industria babilónica, fue Venezuela.

Luego de trabajar como actor de radionovelas en la CMQ de La Habana, hacia 1954, Arquímedes Rivero terminó recalando en Caracas, para proponerle a Felipe Serrano, dueño de Radio Rumbos, el rescate de su emisora de los últimos lugares de audiencia, con la producción de las radionovelas cuyos libretos se trajo de Cuba, para transmitirlas en los horarios matutino y vespertino.

Ya la radionovela existía en los Estados Unidos desde los años treinta, y ella constituyó la fórmula mágica que le consiguió el gran público a la radio, que, al principio, sólo tenía utilidad informativa o se tomaba como una vía para transmitir música. Luego, ese experimento de narrar un drama con la participación de actores y con efectos especiales, fue llevado a México, Cuba y Argentina, y desde Cuba, de la mano de Arquímedes Rivero, fue a parar a Venezuela.

La propuesta de Rivero con Radio Rumbos fue un éxito. Con un equipo conformado por Carlos López Ruiz, Luis López Puente, Milagros del Valle, Rosita Vázquez e Inés Rodena, se produjeron treinta radionovelas trasmitidas en episodios de media hora, y Radio Rumbos se posicionó en un primer lugar indiscutible.

La televisión aún no se había consolidado como un fenómeno comercial, porque sería justamente la telenovela la que, poco después, le aportaría su impulso definitivo. Pero lo cierto es que, desde ya, aparecía la discriminación racial haciendo de las suyas.

Los blancos haciendo de negritos[10].

Los actores de radio, aunque no se les veía, eran actores blancos que, de hecho, interpretaban también a los personajes negros. En la serie *Martín Valiente*, el actor Alexis Escámez, que no era negro, hacía la voz de Frijolito, el asistente del protagonista, quien, por sus vuelos aflautados y quebradizos y su prosodia deficiente, todo el mundo lo imaginaba negro, doblado y pequeñito. Así que ya provenía de la sociedad el estereotipo descalificador de la imagen del negro, que nunca podíamos asociar con el timbre grave y seductor de Arquímedes Rivero o de Porfirio Torres.

---

10   Expresión crítica hacia la práctica de actores blancos interpretando personajes negros, común en la televisión venezolana antigua.

El negro haciéndose el negro.

Y es el hecho también que, aguas abajo, luego de que la radionovela derivó en telenovela, es decir, en espectáculo audiovisual, los actores de piel oscura, cuando les tocó componer un personaje negro (que por supuesto no era un doctor ni un abogado, sino un sirviente o un menestral), apelaron al estereotipo clásico con los cuales se construyeron desde los inicios los papeles que se les repartían: sumisos, con la espalda encorvada, con las manos entre las piernas, en actitud de derrota y con la voz entrecortada. Como si sufrieran una culpa inexcusable.

Pero, al fin de cuentas, ¿quién originó esta simplificación? ¿La industria, que subestimaba a los actores negros, o ellos mismos, que desatendían su deber de profundización histriónica (su trabajo actoral) y se recostaban cómodamente de un cliché?

Obviamente hay excepciones honrosas, actores afrodescendientes que sí fueron más allá, y eso significa que, aunque la industria, en efecto, sólo les estaba pidiendo "que hicieran el papel de negros", la gran mayoría simplemente no se atrevió a transgredir la costumbre.

NEGRO, CÓMETE UN DULCE

MANUEL BERMÚDEZ

En Radio Caracas Televisión tuvimos la oportunidad de conocer y conversar con Manuel Bermúdez, un investigador del idioma y profesor universitario, que fungía como asesor semiológico de esta televisora. Y con Bermúdez platicamos sobre los estereotipos del lenguaje en la actuación. Esto fue lo que nos dijo:

"Tanto el radioteatro como la telenovela tradicional mantuvieron generalmente una actitud de ignorancia y descuido frente al uso del lenguaje. Desde los tiempos radiofónicos de "Frijolito y Robustiana" o "La Familia Buchipluma", hasta los electrónicos que acaparan la sintonía, la gramática del texto siempre estuvo sujeta a dos posibilidades: según una aparente norma culta, cuya sintaxis y prosodias, por su afectación, resultaban extrañas a nuestra realidad lingüística; o según una norma claramente popular en que tanto el significado como la pronunciación de las palabras reflejaban no sólo falta de autenticidad, sino chabacanería y mal gusto".

Tratando de imitar el habla de la gente de los cerros y quebradas caraqueñas, según Manuel Bermúdez, se fue formando un estereotipo prosódico en el cual la entonación lenta y pausada parecía más de idiotas que de negros; de igual manera se generalizaron los cambios de fonemas como el de la "l" por la "r" (*"caltón"*, *"selpiente"*) la aspiración de la "s", tanto al final como dentro de la misma palabra (*"loj muchachoj"*); así como la omisión de la "d" intervocálica, sobre todo en el uso de los participios (*"cansao"*, *"descuidao"*).

También en la sintaxis, continuaba Bermúdez, se fue acuñando el uso de refranes y muletillas de distintas procedencias "que convertían el habla popular en un archipiélago incomprensible". El ejemplo más importante de ese estereotipo lo ubicaba Manuel Bermúdez en el personaje de "Mamá Dolores", la nana de Albertico Limonta en *El derecho de nacer* (1949) de Félix B. Caignet,

Un respiro histórico.

Este patrón varió un poco a partir de la llamada telenovela "sociológica" o "cultural", que impulsaron escritores como José Ignacio Cabrujas, Julio César Mármol y Salvador Garmendia. Desde *Doña Bárbara*, *La hija de Juana Crespo, Gómez, Pobre negro, La dama de rosa*, y un largo etcétera, las obras representativas de esta tendencia, que inició su camino hacia finales de los años 70, mantuvieron siempre un notable escrúpulo de autenticidad y un justo abandono de los estereotipos.

Por fin...

Pero no fue sino hasta *Por estas calles* (1992) de Ibsen Martínez, cuando ocurrió la rebelión lingüística que puso, en la televisión venezolana, a los negros a hablar como ellos mismos. Eudomar Santos y Eloína Rangel, justo por expresarse en los términos de su propia gramática, sin clichés y sin modelos prestablecidos, se apoderaron inusitadamente del corazón de la teleaudiencia y se convirtieron, por mayoría de votos, en los protagonistas de la telenovela más exitosa de la televisión venezolana. Un caso particular del que hablaremos más tarde, y que, por sus innumerables matices, valdría la pena escudriñar en una investigación exclusiva de esa obra.

El luango.

Para la realización de mi trabajo de grado también me fui hasta la Escuela de Filología de la U.C.V y conversé con la

36

profesora **María Josefina Tejera**, lingüista e investigadora, y ella nos comentaba que la realidad lingüística del negro venezolano, no se veía reflejada en la forma de hablar de muchos actores en las telenovelas. En los dramáticos de época, por ejemplo, cuyas historias se desarrollaban en el siglo 19 o antes, nunca se vio la realidad dialectal de aquellos negros que fueron esclavos, y a los que nunca se les enseñó a hablar correctamente en ninguna escuela, y que hablaban "recortado", combinando el léxico español con el de los idiomas originarios africanos, según la región de donde provenían.

Es de allí de donde surge el "luango"[11], que es a lo que se parece, nos decía Tejera, eso que han tratado de imitar desde hace mucho tiempo en la televisión, y que se copió sin ningún esfuerzo estereotipos de otros países donde la realidad social es completamente distinta a lo que venía ocurriendo en Venezuela. Pero el asunto trascendía lo meramente lingüístico.

---

11   Variante dialectal afrovenezolana; habla criolla mezcla de español con lenguas africanas de esclavos del siglo XIX.

DE LOS NEGROS DE CARACAS YO SOY EL NEGRO MÁS GUAPETÓN

El estereotipo en la expresion corporal

El negro venezolano es otra cosa.

La realidad lingüística del negro venezolano no se ve reflejada, afirmaba Tejera, en la manera de hablar de muchos actores en la telenovela que se producía en el país, y tampoco su expresión motora, porque hasta en la manera de caminar el negro venezolano es distinto al de otras latitudes.

Sostenía la profesora Tejera que los actores han hecho también de la expresión corporal un estereotipo, porque "una cosa es la realidad histórica y otra es lo que los artistas de telenovelas han estado haciendo".

Tejera afirmaba que el negro venezolano jamás ha sido sumiso, y que allí está la historia venezolana para demostrarlo. "Lo que ocurre, es que han tomado actitudes falsas, gestos, que no pertenecen a este pueblo, que no existen aquí. Yo jamás he visto a un negro venezolano tomarse las manos para decir, 'sí, señor', 'no, señor'; eso nunca, el negro venezolano es rebelde por formación. En toda América es el pueblo más rebelde que hay, y el más evolucionado socialmente".

38

Por otra parte, afirmaba **David Flora**, en el libro La Comunicación no verbal; que el ser humano "es un gran imitador, maravillosamente sensible a las señales corporales de sus semejantes".

Entre la flojera y la defensa de la arepa.

En el caso de los actores en la televisión, y no es la totalidad, creemos que ha habido un vacío cultural para la creación de los personajes, y una actitud cómoda que los llevó a la imitación del estereotipo clásico. Pero, si bien esta deformación de la realidad del negro en la televisión tiene buena parte de su sustento en esa conducta, según la cual hacemos lo que nos ordenan las empresas productoras y aseguramos el trabajo sin entrar en mayores detalles, también conviene identificar como parte del problema ese concepto que los especialistas han llamado "endorracismo"[12].

---

12   Concepto del antropólogo Esteban Emilio Mosonyi que designa la discriminación interiorizada por parte de los grupos oprimidos

"El color de la piel no significa nada.
Lo importante es el brillo de los ojos y
la risa del alma."
— *Charlie Chaplin*

La televisión también tiene
memoria,y su pantalla aún puede
aprender a mirar con amor.

Hay una cosa
muy negra
en tu vivir

AUTODISCRIMINACIÓN O ENDORRACISMO

Me acuso de ser negro.

Esteban Emilio Mosonyi, antropólogo e investigador, introduce en el análisis del racismo y la discriminación un elemento importante que es la autodiscriminación, a la cual denomina "endorracismo" o "blanco por autodefinición". Se refiere a la existencia, desde la Guerra Federal venezolana (1859–1863), de una capa social mestiza (producto de la unión del indígena con el europeo y el africano), que desestimaba en sí misma sus propias características físicas de mestizo, resaltando lo que de blanco o europeo pudieran tener, para de esta manera, ejercer superioridad o dominio sobre otras capas de la población racialmente más cercanas al indígena o al africano en sus fenotipos originales.

Esta actitud autodiscriminatoria se puede notar, por una parte, en las personas que siendo negras o morenas se tiñen el pelo de rubio y se ponen lentes de contacto de colores, o cuando tienen el cabello ensortijado y se lo alisan para tratar de ocultar su condición de negros. También en los que, sin necesidad de recurrir a los cambios físicos, manifiestan su desagrado a todo lo que esté relacionado con piel oscura y pelo ensortijado, aun siendo ellos mismos negros. Esta actitud endorracista se manifiesta de manera muy marcada, asegura Mosonyi, en la llamada clase media.

Ahora soy un negro fino que ingresó a la sociedad.

El factor de opresión racial y étnica resalta en los momentos actuales de una manera sumamente clara. Decía Mosonyi que se ha producido, a través del tiempo y de la historia, una internalización de la ideología racista en los sectores étnicos dominados que los convierte en endorracistas, cuando, por ejemplo, aceptan por ellos mismos calificativos como los de "negro fino" y "negro ordinario", que se agrega a la oposición semántica de las palabras "blanco" y "negro", y la relación que se establece de la primera con lo bueno y lo puro, contra la segunda con lo feo, oscuro e impuro. Así se da origen al uso de expresiones como, "negro tenías que ser", en las que, como vemos, se menosprecia al ser humano y se le resta valor a las manifestaciones y creaciones culturales emanadas de esos grupos.

Por mi grandísima culpa.

Ligia Montañez, psicóloga y estudiosa del tema, afirma que: *"El negro se convierte entonces en un factor decisivo de su propia discriminación; la acepta, la asume y lo que es peor, la transmite a sus hijos"*. En el caso de nuestra telenovela, la autodiscriminación en el actor negro se hace efectiva cuando acepta, por una parte, interpretar personajes sumisos o de bajo nivel cultural, y, por otra parte, cuando trata de "blanquearse" con las triquiñuelas que ya mencionamos (alisarse el cabello, etc.)

Al respecto, la actriz **María Cristina Losada**, nos decía que: *"Si bien la discriminación ha sido una situación existente desde hace siglos, el endorracismo, como causa o consecuencia de esa discriminación, también ha estado presente"*.

El negro adoptó una estética nórdica, alentándose de esta manera el complejo de inferioridad inculcado y asumido desde su nacimiento, de manera que entonces el actor negro se humillaba creando actitudes impropias para destacarse y sobresalir, a partir de la acentuación de los estereotipos comentados.

Y la industria tampoco ayudó a desbaratar esa mixtificación cuando en las telenovelas, que son productos para exportar, los ejecutivos estimaban que, en países como los Estados Unidos, una telenovela que se desarrollara en un ambiente negroide o que en

45

sus tramas actuaran muchos negros, estaba destinada a fracasar. Obviamente era un análisis muy simplista que solapaba el éxito de obras como Raíces o La cabaña del tío Tom, en las que la negritud es el asunto protagónico. Pero así se desenvolvía el negocio de la telenovela.

Un negrito grandote en el recuerdo.

Ciertamente, desde mi llegada a la televisión, en la empresa Venevisión, pude darme cuenta de que había muy pocos actores afrodescendientes. Recuerdo a Mario Brito, **"El Gran Lotario"**, famoso gladiador de la lucha libre (o *Catch as catch can*), que trabajó por años en ese canal, y al que evocaremos siempre como el amigo fiel de El halcón, en la serie que, con ese nombre, protagonizaba José Bardina, y en la que Lotario hacía el personaje de un tipo bonachón y servil de la casa grande que prestaba su pecho para que la niña de la familia rica posara sus penas de amor y recibiera los consejos del sirviente que desde niña cuidó de sus pasos.

Todo un ejemplo de lo que estamos comentando, y que, en resumen, desde la perspectiva de Mosonyi, se expresa como la internalización de la ideología racista en el negro, lo cual lo convierte en endorracista.

EL NEGRO WITINILA AL MONTE FUE A PARAR

PEDRO DURÁN

Este gran actor de raíces afrodescendientes, al que vimos mucho en las décadas de los 70 y 80, nos dio su parecer sobre los tópicos que estamos conversando.

¿En qué año comienza tu trabajo en la televisión?

–En el año 1974, en RCTV, con la novela "Boves, el urogallo".

¿Qué tipo de personaje realizaste en esa serie?

–Esclavo.

¿Y en las telenovelas?

–La mayoría de esos personajes han sido policías, guardaespaldas, choferes, asesinos, malandros, capataces, comisarios. Y yo creo que eso se debe a que soy negro, y los negros siempre han hecho este tipo de papeles en la televisión. El actor negro tiene doble trabajo: actuar de manera sobresaliente en

47

las novelas o programas especiales, y luchar contra uno mismo para no autodiscriminarse.

¿Cuál sería el futuro del artista negro en el contexto televisivo venezolano?

—Los artistas negros deben insistir en la televisión, seguir contra todo, porque no es negado estar en el medio, pero la discriminación es un problema cultural y económico. Un ejecutivo me dijo a mí una vez que no le importaban los actores "cafés con leche pá bajo"[13]. Me acuerdo que trabajaba en una novela que se llamó "Selva María" (RCTV), donde usted fue protagonista, por cierto, y se cambiaron los libretos porque estaba en un ambiente rural, y ese tipo de ambiente no convenía en el exterior... bueno eso cayó muy mal en el elenco.

---

13 Frase coloquial venezolana que alude de forma despectiva a personas de piel morena o más oscura que el promedio.

EL ARROZ ESTABA CALIENTE Y EL NEGRITO SE QUEMÓ

El mito de que el negro no vende

Un error que quedó para la historia

"Esa telenovela hay que blanquearla"[14]. Esa era una expresión muy común en las reuniones de producción de los canales venezolanos. Y con frases como esa, los especialistas del negocio justificaban su propio racismo, amén de su ignorancia, supuestamente atenidos a que la telenovela era un producto de exportación, fundamentalmente hacia los Estados Unidos, que es un país históricamente racista, y "a esa gente nos les interesa estar viendo negros en pantalla".

Ignoraban estos "analistas" varios aspectos muy importantes en esta discusión. En primer lugar, eludían una regla básica, y es que, en el negocio audiovisual, lo que se vende es lo que está bien hecho, sin que medien consideraciones externas como, por ejemplo, el color de la piel de los actores o de los personajes. En segundo lugar, olvidaban o no querían ver que el mercado fundamental para las telenovelas en los Estados Unidos está compuesto por el vasto público hispanohablante de ese país, que seguramente es menos racista que el "gringo puro" (o no lo es).

---

14   Expresión usada en el medio televisivo venezolano para referirse a reemplazar actores morenos o negros por blancos.

49

Y por último fueron incapaces de prever el desarrollo cultural de una sociedad que, si bien apedreaba a los negros en los años 50 y 60, ya para la segunda década del siglo 21, tuvo su primer mandatario afrodescendiente (Barack Obama).

De tal manera que se equivocaba rotundamente la industria en sus apreciaciones mercadotécnicas, pero además ocasionando un terrible daño en la autoestima de unas sociedades que, según estas ideas, jamás superarían el atraso cultural que todavía las determina como "tercer mundo".

Es obvio que quien no se quiere a sí mismo, y quien se desestima de antemano, nunca podrá ser apreciado y ni siquiera tomado en serio por nadie. "Describe tu aldea y serás universal", nos decía en el siglo 19 la mente lúcida de León Tolstoi. Más claro, imposible. La condición humana es una sola, y está repartida en los miles de culturas que habitan el planeta.

Pero ese fue un consejo que, en el mundo de las telenovelas, nadie tomó. Al menos en nuestras latitudes, porque con el tiempo ocurrió, oh, sorpresa, que, tanto en Turquía como en Corea del Sur, sí lograron ver la avellana del asunto, y he allí que, hoy por hoy, buena parte del mercado que antes pertenecía en solitario a Latinoamérica, fue tomado por las telenovelas que siguen produciendo las empresas productoras de estos remotos países, quienes se lanzaron al ruedo con sus historias de "chinos" o de turcos, para alzarse con el galardón de un éxito indiscutible.

NEGRO ES NEGRO...

Autoestima e identificación

Yo no quiero parecerme a mí.

Como ya hemos comentado, la discriminación y autodiscriminación del artista negro en la telenovela venezolana se puede detectar en los roles que tradicionalmente interpretan los actores de rasgos negroides. Es difícil poder ubicar en alguna novela nuestra, por ejemplo, a un brujo blanco, o a un médico negro. El actor de raza negra parece estar destinado a interpretar papeles que socialmente no son favorecidos por la aceptación del receptor, más aún si tomamos en consideración la teoría del psiquiatra **Rómulo Aponte**, sobre la identificación del espectador de telenovelas con los actores, según la cual:

"Hay un proceso, si se quiere de identificación, con la persona que logra la fama, que muchos televidentes quieren lograr y no tienen". Ellos... salieron del anonimato en el cual se mantienen muchas amas de casa, o muchas familias y sus miembros, y entonces se produce un proceso de identificación que puede salvarte, al menos como una ficción, de la anomia en la que vives. Los personajes de las telenovelas sienten inclinaciones y deseos que sienten también los espectadores, con la diferencia de que los personajes llevan a la realidad sus inclinaciones amorosas y sus

intereses sexuales, y muchos de los espectadores sienten las mismas inclinaciones y atracciones, pero no pueden llevarlos a la realidad. De modo que identificarse con los personajes es una forma de realizar en la fantasía la intención del amor y del sexo frustrada en la realidad".

Pero resulta que las oportunidades que recibía un artista negro en las producciones dramáticas hispanoamericanas de representar personajes que "inviten" a una identificación son prácticamente nulas. Es obvio. Nadie quiere identificarse con un perdedor. Y eso está más que claro en el consenso de las personas que fueron entrevistadas para la realización de este trabajo.

En toda la historia de la televisión en Venezuela son pocos los artistas negros que se han sostenido en lugares prominentes de este medio de comunicación. Según varios ejecutivos, **Juan Lamata** (RCTV) y **Arquímedes Rivero** (Venevisión), entre otros, esto obedecía al poco interés de los mismos artistas negros, cuando en las pruebas de actuación que hacen en los canales éstos no se presentaban, bien porque se cohibían, o bien por falta de información.

Era también la opinión del actor **Tomás Henríquez**, que sí fue un actor negro que se sostuvo como imagen de respeto y de credibilidad durante toda su vida, y quien volvía nuevamente sobre la idea de que hay pocas oportunidades para ellos, a propósito de que "el negro es sinónimo de feo y por lo tanto no da rating".

Y es lo mismo que comentaba Pedro Durán cuando aludía a la telenovela "Selva María" (RCTV, 1988, protagonizada por mí y la actriz Mariela Alcalá), en la que se eliminó todo un pueblo en la trama, porque la gerencia de logística consideró que los habitantes de dicho pueblo en su mayoría eran negros y "afeaban"[15] la telenovela, corriéndose el riesgo de perder la sintonía.

---

15   Comentario despectivo racista dentro del contexto televisivo: se decía que la presencia de actores negros "dañaba" la estética del producto.

¿QUÉ SERÁ LO QUE QUIERE EL NEGRO?

AMALIA PÉREZ DÍAZ

Recuerdo que también acudí a la actriz **Amalia Pérez Diaz**, con quien estaba grabando una telenovela, para que su ingenio y su experiencia me alumbraran el camino. En aquella ocasión le pregunté:

Doña Amalia, ¿tiene oportunidades el actor negro de encabezar el reparto de una telenovela, aquí en Venezuela?

–Mira, Franklin, el negro nunca ha tenido ni tendrá posibilidades de encabezar reparto, ni de hacer papeles distintos a los acostumbrados, porque se ha formado una especie de tipología en los *castings* de la televisión para conformar los elencos de las telenovelas, donde el negro está enmarcado en los personajes que le son característicos de acuerdo al color de su piel. Mujer negra es sirvienta y, si es joven y bonita, prostituta o mesonera. Los morenos o mestizos, con rasgos muy latinos tienen mejores oportunidades, e incluso pueden llegar a estelarizar novelas, unitarios, miniseries, dependiendo de las capacidades fonéticas con las que cuente el intérprete.

—Y te puedo dar un ejemplo: tú mismo. Tu eres un moreno bello, un cuerpo hermoso, atlético, tu pelo es absolutamente lacio, puedes hacer de médico, abogado, cualquiera se puede enamorar de ti, eres un indio, o aborigen, pero no eres negro, aunque te digan negro por cariño. De hecho, cuando protagonizaste Pobre negro, te pintaban con un aceite oscuro y te hicieron un trabajo para ensortijarte el pelo, al igual que le ocurrió a Miguel Ángel Landa cuando se grabó la primera versión de esa novela, en la que lo pintaban y le colocaban una peluca afro.

También pude conversar con **Ronny Acosta**, quien era el encargado del Departamento de Libretos de RCTV, y quien afirmaba que:

"Cuando el productor de una novela nos pide un actor para que haga de médico en unas escenas, casi siempre esta solicitud viene con la debida observación de cómo se quiere al intérprete. Si es médico, debe ser blanco, elegante, buen mozo, que tenga clase, que hable bien, que sea fino. Si solicitan a un obrero, a un guardaespaldas o a un delincuente con rasgos duros, casi siempre son negros o morenitos, no importa si son feos o bonitos".

Píntame angelitos blancos.

A mediados de 1980 y principios de la década de los 90 comenzó a producirse un cambio importante con respecto al punto anterior. Y no fue un cambio favorable para los actores negros. En las telenovelas que se transmitían por el canal 4 (Venevisión), por ejemplo, en "Adorable Mónica", los villanos eran blancos rubios y el personal de servicio en las casas de los ricos eran jóvenes de tez blanca, aunque con el cabello teñido de rubio.

Consultamos con Ronny Acosta la razón de estos cambios, y nos afirmaba que en RCTV también se había comenzado a producir la sustitución de negros por blancos en algunos personajes que tradicionalmente estaban asignados para los artistas de raza negra. Esto se debía, aseguraba Acosta, a la exportación de las telenovelas.

¿Qué nos indica este dato? Pues que, de haber continuado esa tendencia, ya no habría espacio alguno para los negros en la televisión. Vale decir, que ya ni de sirvientes ni de malandros podríamos trabajar. Una vez más el mismo despropósito.

No sólo es por negro, también es por latino.

En general, la industria sostenía (y así lo expresaba por intermedio de sus voceros) que una telenovela encabezada por actores negros sería un fracaso en los Estados Unidos o cualquier otro país del primer mundo donde se proyectara, porque allí se discrimina no sólo al negro sino también al propio latino, y agregaban que nunca se había pensado en la posibilidad de poner a protagonizar a dos negros, no porque fuera imposible, sino porque no se podía comprometer tanto dinero, millones de bolívares o dólares, en una prueba tan riesgosa. Y siempre se cuidaban de decir que la culpa no era de ellos, sino de los países discriminadores, es decir, del mercado.

Con todo el respeto que se merecerán siempre los propietarios de estos medios y de sus ejecutivos, el piso argumental de esas consideraciones estaba fuera de toda lógica y de toda verdad. Venezuela es un crisol de razas y culturas, y, cuando exportamos una telenovela (al primer mundo o a donde sea), no sólo estamos exportando una historia de amor, sino también el marco cultural donde ésta se produce, de manera que, si queremos hacer un trabajo digno y revestido de autenticidad, entonces tendríamos que elaborar historias televisivas en las que, a partes iguales, se exprese el indio, el negro, el blanco, el asiático, el europeo y toda la ringlera de voces que componen a un país receptor de migrantes, como siempre lo ha sido Venezuela.

En resumen, mientras se siguiera creyendo en la poca rentabilidad del artista negro, y mientras existiera el criterio de que el "negro no da rating", entonces el negro no iba a tener jamás una oportunidad distinta a la que se le dio, y ese es un hecho descorazonador, no solamente para los actores negros y sus oportunidades laborales, sino, sobre todo, para una nación que tiene que esconder su propia esencia en "el cuarto del loco", porque se avergüenza de los elementos que la componen.

SI DIOS FUERA NEGRO, MI COMPAY

EL CASO DE TOMÁS HENRÍQUEZ

¿De qué color es la piel de Dios?

El único actor de tez negra que ha logrado un estatus de primera figura en el universo telenovelístico, ha sido Tomás Henríquez, quien, incluso, llegó a protagonizar en el año 1959 la telenovela *Todos Fuimos Culpables* de Enrique Jarnés.

Tomás Henríquez aparece en la televisión desde los mismos inicios de la industria, y conviene señalar que, para el momento, él ya era considerado toda una figura del medio artístico (teatro, cine, radio), de manera que su entrada a la televisión fue relativamente fácil.

Sin embargo, la mayoría de los personajes que interpretó Henríquez en su larga carrera, estaban dentro del marco de los personajes que les eran asignados a los artistas negros, pero, aunque la mayoría de los papeles que interpretó no eran de triunfadores, él sí pudo representar a médicos y otros profesionales, llegando incluso a encarnar a Dios, en la miniserie "Juanito y Él" (1982), que fue un éxito indiscutible de teleaudiencia.

Cabe referir que, según él mismo nos contó, cuando a Tomás Henríquez le tocó representar este personaje, muchas personas se le acercaron para decirle que después

60

de haber visto la serie, quedaron convencidos de que sí era posible un Dios negro.

Pero detengámonos un poco en este hecho curioso de que a un negro le permitieran hacer incluso el papel de Dios.

Lo primero que hay que señalar es el gran talento y la responsabilidad histriónica de un hombre como Tomás Henríquez. Sólo que, necesariamente, él no podía ser el único buen actor negro de la época. Y la pregunta es: ¿por qué él sí fue favorecido y los otros no?

Al respecto coincidían muchos de los ejecutivos consultados en que a Tomás Henríquez le habían repartido papeles de todo tipo, a pesar de que era un hombre de color, porque ellos no discriminaban. Pero eso sonaba más bien como una excusa y no como una opinión que suscribiera la realidad. De hecho, una vez le preguntamos al propio Tomás Henríquez:

¿Qué ocurriría, si usted apareciera en los actuales momentos, con sus dotes de buen actor, a las puertas de un canal de televisión, y siendo un desconocido?

Su respuesta fue tajante: *"No me darían trabajo"*.

Siempre hace falta una bandera.

Hablando de Tomás Henríquez, el actor y locutor **José Luis Silva** nos dijo que:

"Tomás Henríquez es el baluarte que ha tenido y sigue teniendo la gente de piel negra en la televisión, baluarte muy devaluado porque hemos visto cómo se le margina y se le limita. Henríquez ha demostrado que como actor es muy bueno; entonces no se entiende esa limitación sino desde una perspectiva racista".
Y sí, a pesar de que Henríquez se veía en unas y otras producciones y fue utilizado por la industria como bandera antirracista, la sumatoria de los roles por él representados siempre mostraron una elocuente reiteración de 'papeles para negros', de tal manera que si él llegó a encarnar caracteres excepcionales como médico o abogado, o incluso el del mismo Dios, seguramente no fue porque la industria no discriminara, sino porque su capacidad actoral, su carisma y la credibilidad que él exudaba, no dejaban espacio para que esos personajes les fueran repartidos a actores de rasgos caucásicos o de cualquier otro color de piel. Una muestra más de que,

lo que funciona y se vende no tiene nada que ver con la piel sino con la calidad, la preparación y el profesionalismo".

Quién ha visto negro como yo

NEGRA, MUEVE LA CINTURA

GLEDYS IBARRA

¿Negra consentida?[16] No: una gran actriz.

Un caso similar, aunque con sus propias especificidades, es el de la actriz Gledys Ibarra, de quien nos llegó a decir un ejecutivo (y no citamos su nombre porque no fuimos autorizados) que:

"Tenemos actrices que pueden pasar por gente de color, quizás hasta oscureciéndose un poco con maquillaje, porque tienen facciones de gente de color. Gladys Ibarra, por ejemplo, magnífica actriz y muy bonita, ella tiene sangre de color, pero para que pueda dar una negra de verdad tienes que maquillarla con tinte oscuro, porque lo mismo pasa por blanca que por negra… Es una negra muy especial, tiene los ojos verdes y su rostro es casi europeo". Una justificación detrás de la otra.

Obviamente, en el deber de verosimilitud que tiene la ficción audiovisual, jamás nos creeríamos la representación de la reina de Inglaterra (es un ejemplo) por una actriz negra, y no porque sean racistas o no, sino porque los ingleses originarios sencillamente no son negros.

---

16   Expresión ambigua usada tanto como piropo como diminutivo condescendiente hacia una destacada mujer de tez oscura.

Pero opiniones como las anteriores no son más que intentos de ocultar los complejos de una industria, o de una sociedad, que no terminaba de entender que es la inteligencia y el esfuerzo lo que determina a un gran profesional, un ingeniero, un arquitecto, y no su color de piel.

Dicho de otra forma, Gledys Ibarra no se convirtió en un ícono de la televisión venezolana porque tenga los ojos verdes, sino por lo que tiene detrás de los ojos.

MATARON AL NEGRO BEMBÓN

¿DE DÓNDE VIENE EL ENREDO?

Con respecto al origen de estos extravíos, el analista **Manuel Bermúdez** nos decía que:

"Cuando viene la televisión, ésta comienza a absorber todo el mundo del cine, el lenguaje del cine. Entonces adquiere todos estos códigos de tipo social; los EE.UU. son un país racista y por supuesto el mensaje, el producto que vende Hollywood, es para la mayoría blanca".

Según la visión de Bermúdez, el cine inventaba el glamour, el sexo, y todo lo que se vendía como espectáculo. Y es crucial el uso del pretérito imperfecto porque, hoy en día, ya no es Hollywood quien determina esos valores, sino las redes sociales. Pero, en el análisis histórico que estamos desarrollando, eso fue creando toda una concepción, toda una dialéctica y un mundo de relaciones que del cine pasó a la televisión.

La tecnología de la producción audiovisual en nuestro país provenía de los Estados Unidos, y así mismo, por supuesto, la ideología de esa forma de producir. Los ejecutivos y gerentes, tanto de Venevisión como de RCTV, en su mayoría se formaron en universidades norteamericanas, y fue así como el sustrato racista y discriminador de la cultura gringa permeó hacia nuestra cultura y sus formas de expresión.

A MÍ ME LLAMAN EL NEGRITO DEL BATEY

DOS VARIACIONES INESPERADAS EN EL NUEVO MILENIO

Es una verdad ya casi de Perogrullo[17] que la historia de la humanidad en los últimos 50 años se ha desbocado en un desarrollo vertiginoso que desbarató en un abrir y cerrar de ojos los baluartes doctrinarios y culturales que sostenían al mundo hasta ese momento.

¿Cómo que negro? ¡Respeta!

Y es el caso, por ejemplo, del socialismo, que se suponía que alzaba las banderas contra el racismo capitalista, y que sólo logró igualar en la miseria a negros y blancos, y se desplomó sin cicatrices, mientras que, en los Estados Unidos, el racismo pasó de ser un rasgo social característico, a un delito. Pero, además, en medio de un rechazo hacia la discriminación racial que ha llegado a niveles extremos según los cuales a un negro no se le puede decir negro porque se ofende, y tiene posibilidades de pedir resarcimientos de la mano de una ley que lo ampara.

Ese avance antirracista también se ha manifestado en el discurso audiovisual de la actualidad por medio la profusión de excelentes actores negros que se han apoderado de la pantalla: Denzel Washington, Whoopi

---

17   Expresión proverbial que significa algo obvio o evidente

Goldberg, Halle Berry, Morgan Freeman, y tanto otros. De manera que, sin arribar a una conclusión tan ingenua como la de que el racismo se acabó, sí es verificable que el progreso del pensamiento humano, al menos en el primer mundo, le ha puesto límites, y no es difícil intuir que en cualquier momento lo hará desaparecer.

Pa atrás, como el cangrejo.

Sólo que, por otra parte, en este tercer mundo que seguimos siendo, después de que el planeta entero pasó a tener al socialismo como un mal recuerdo, a nosotros (sobre todo a los latinoamericanos) nos dio por seguir creyendo en falsificaciones históricas de tal manera que, en un país tan importante para el género melodramático, como lo fue Venezuela, ya esta discusión no existe, y al menos hasta el año 2025, ni los actores negros ni los blancos tienen oportunidad en la televisión, porque la televisión como industria sencillamente desapareció.

Un racismo especial.

Pero hasta los años 90, el racismo venezolano en general siempre fue liviano, y hasta solapado, y nunca dejó la huella de una exclusión y un maltrato categórico. No hubo nunca en nuestro país la obligación de que el negro se parara de su asiento en el autobús para cederle su lugar a un blanco. No hubo negros quemados por ser negros, ni Ku Klux Klan[18], ni Ligas Negras de beisbol.

El racismo nuestro hasta antes del siglo 21, si bien era cruel, sobre todo en el terreno del humor, terminó diluyéndose y adulterándose a sí mismo en medio de un avance cultural soterrado, producto de la libertad y la democracia, que seguramente iba a reflejarse en la televisión con una presencia mayor y más digna de la negritud.

Esos mismos negros con los que la gente hacía chistes, y los que ponían de malandros y barrenderos en las telenovelas, tuvieron la oportunidad de estudiar y no pocos se graduaron de médicos, de ingenieros y de abogados, y se casaron con mujeres blancas. Así era Venezuela, tanto en su cultura como en su sistema político.

Pero, en 1998, con el triunfo de Hugo Chávez, la historia de nuestra televisión entró en una especie de coma inducido, por causa del gobierno socialista que se hizo con el poder, sirviéndose del racismo como un motivo más para estimular el resentimiento social, que es la verdadera ideología que los sostiene, y el resultado, como ya dijimos, es que negros y blancos quedamos de rehenes de una camarilla de privilegiados que siempre quisieron ser burgueses y nunca pudieron lograrlo con trabajo y con talento.

---

18   Organización racista estadounidense responsable de persecuciones y asesinatos de afrodescendientes en el siglo XX

TODOS LOS NEGROS TOMAMOS CAFÉ

EL PANORAMA DE HOY

Ahora bien, es importante señalar, y luego volveremos con esto, que en los países latinoamericanos en donde aún existe el negocio audiovisual (países no socialistas, aunque con eventuales gobiernos de izquierda, como México y Colombia) los conceptos que, se supone, generan la sintonía, siguen constituyendo una garrafal equivocación y no deja de sentirse como una mancha impuesta.

Porque aquello de que "el negro no vende" no es el único prejuicio con respecto a las razones que sustentan la convocatoria del público por parte de un producto televisivo. La telenovela y los seriados en general han estado sujetos por mucho tiempo a una serie de reglas consideradas sacrosantas y que, como comentaremos más adelante, rodaron estrepitosamente con el advenimiento del *streaming*.

La muerte de la telenovela: crónica imprecisa de un deceso anunciado.

Pero, antes, revisemos otro tópico relativo a nuestro asunto general. Nos referimos a la situación de los melodramas en el mercado de hoy. La muerte de la telenovela, cantada desde hace ya bastante tiempo, no termina de ocurrir. La importante producción que de ellas sigue habiendo, desde México hasta el Lejano Oriente comprueba que la telenovela sigue viva, y que difícilmente puede proclamarse la extinción de lo que por tanto tiempo ha sido la literatura de las grandes mayorías. En principio porque, mientras existan los sentimientos, "el show del corazón" (del que hablaba J.I. Cabrujas) no caducará, y en segundo lugar porque el negocio de la telenovela continúa ofreciendo facilidades que le son exclusivas, ya que la correspondencia inversión–retorno que ella supone siempre será más gananciosa que la de otros formatos de la pequeña pantalla.

No obstante, hay suficientes elementos para hacer, si no un control de daños, al menos un comentario honrado de su presente.

No está muerta, pero hay que revivirla.

Al que en principio hay que escrutar es al público, ese cuerpo dinámico y evolutivo (al que antes llamaban "el soberano", aunque de soberano no tenía nada), que hoy como nunca se muestra ansioso de "algo más", tanto en materia de contenidos como en la audacia y la vivacidad con que éstos se expongan. Ya no hay quien espere (en el caso de una telenovela) 5 meses para la revelación de un secreto que, además, concierne a un personaje definitivamente malo o definitivamente bueno, es decir, predecible.

La vasta y variada oferta del entretenimiento electrónico es sin duda la responsable de este cambio de actitud en el receptor, quien, con sus inéditas preferencias, obliga a la telenovela a revisar ciertos rasgos que la han distinguido, como la oralidad corpulenta (que le viene de la radionovela), la fabulación calmosa y reiterativa o la ética inflexible de los personajes.

En cuanto a esto último, vale la pena advertir la inclinación de la teleaudiencia hacia temáticas insurgentes. Se valoriza el relato de los que tradicionalmente han sido "los malvados". Se reclama realismo, y por eso se esperan personajes no rectilíneos, sino que se desplacen moralmente según sus alternativas emocionales. Se impone, pues, otorgar al villano el beneficio de la ternura, y, en las palabras del poeta César Vallejo "ayudar al bueno a ser su poquillo de malo".

La actualidad exige un melodrama éticamente desenfadado, que condense y agilice su narrativa y que se aproxime a un discurso libertario de la vida, aunque, eso sí, sin que deje de ser un melodrama, una telenovela, una historia de amor.

Pero la pregunta es: ¿cómo acercarnos a la pertinencia de este nuevo enfoque, si todavía nos produce urticaria poner un negro en la pantalla?

MAMÁ, LA NEGRITA, SE LE SALEN LOS PIES DE LA CUNITA

EL PÚBLICO CAUTIVO:
UN ESCLAVO QUE ESCAPÓ

Viva la revolución… pero de la tecnología capitalista.

Como ya comentamos, el desarrollo acelerado del mundo digital acabó para siempre con lo que llamábamos "el público cautivo". Antes del *streaming*, el público no gozaba del vasto albedrío que hoy lo favorece. Antes estábamos obligados a seguir las historias que nos propusieran, a una hora y unos días específicos, y, por supuesto, aceptando la oferta que nos hacían, simplemente porque no había mucho más para escoger.

El bobo no era tan bobo.

Los guionistas estaban maniatados, y debían trabajar atenidos a los prejuicios, mitos y disposiciones arbitrarias de la industria. Historias, personajes y diálogos debían pensarse para un televidente que los entendidos de la televisión consideraban poco menos que un subnormal. La complejidad estaba prohibida porque eso no "subía cerros"[19]. La poesía estaba prohibida porque el público (según parecían pensar los entendidos) es bruto y no merece.

Y he allí que un buen día surgió la posibilidad de que el público, sin la tutela de los "especialistas" comprara la programación de su gusto para verla cuando y como

---

19 Expresión de la jerga televisiva venezolana: "subir cerros" significa ser comprendido o gustado por el público popular de los barrios

quisiera, y, ¡eureka!, resulta que la gente no era tan lerda como se pensaba y sí era capaz de demandar masivamente la profundidad.

En principio, ya el espectador no está obligado, por ejemplo, a ver los comerciales entre un segmento y otro de la transmisión (ya el fenómeno no depende de la publicidad), ni a quedarse en suspenso hasta el próximo capítulo, porque ahora el público (liberado no por la ideología sino por la tecnología) ve lo que quiere ver y de la manera y en los tiempos en que lo quiera ver.

Hoy en día, el control remoto ha sido reemplazado por el dedo que desliza, toca o da *play* cuando quiere y donde quiere. Este cambio ha sacudido la forma en que se hacen los programas de entretenimiento. Antes, los productores sabían a qué hora iba su programa y quién lo veía. Ahora, tienen que competir con miles de opciones disponibles en la palma de la mano. Desde una serie de televisión hasta un video casero en TikTok, todo está a sólo un clic de distancia.

Gracias a las redes sociales, los fans comentan, critican, recomiendan y hasta influyen directamente en lo que se produce. Por ejemplo, si una serie no gusta, se nota de inmediato por los comentarios y memes. Pero si algo se vuelve viral, puede convertirse en un éxito mundial de la noche a la mañana.

Las plataformas también usan algoritmos para conocer tus gustos y ofrecerte contenido personalizado.

¿Te gusta el drama coreano? Te aparecen recomendaciones parecidas. ¿Te encantan los documentales de crímenes? Ahí tienes una lista infinita. Este nuevo modelo ha obligado a las productoras a adaptarse. Ya no basta con hacer un buen programa. Ahora hay que pensar en cómo enganchar al espectador desde el primer minuto, cómo hacer que se quede viendo varios episodios seguidos, y cómo generar conversación en redes. Incluso se diseña contenido pensando en si se podrá compartir o comentar fácilmente.

Para la televisión tradicional, esto representa un enorme reto. Sin embargo, no todo es negativo. Estas nuevas plataformas también han abierto puertas a creadores independientes, *influencers* y talentos que antes no tenían espacio en la televisión. Ahora, cualquier persona con una buena idea, una cámara y conexión a internet puede crear contenido y llegar a miles o millones de personas. Esto ha democratizado la producción del entretenimiento.

Además, muchas productoras están aprendiendo a combinar lo mejor de los dos mundos. Se crean series pensadas para plataformas digitales, con capítulos cortos, finales adictivos y posibilidad de verlos en cualquier dispositivo. Algunas cadenas de televisión han lanzado sus propios servicios de *streaming,* como HBO Max o TelevisaUnivision con VIX, para adaptarse a los nuevos hábitos de consumo.

En resumidas cuentas, el entretenimiento ya no se trata

sólo de ver televisión. Se trata de interactuar, compartir, comentar, elegir y disfrutar en el momento que uno quiera. Las nuevas tecnologías han puesto el poder en manos del público, y eso ha cambiado para siempre la manera en que se crean y se consumen los programas. El desafío ahora es seguir innovando, entendiendo a las nuevas audiencias y aprovechando las oportunidades que ofrece este mundo digital sin fronteras.

Pero es un hecho que la nueva y asombrosa realidad del *streaming* arrasó con todos los prejuicios. Y es entonces cuando queda comprobado que conceptos como el de que "el negro no vende", que es afín a los otros dogmas de la televisión abierta, no eran más que fantasmas elaborados por las mentes de unos sabihondos que subestimaban la inteligencia del público. A esos expertos, la historia en este momento parece estarles diciendo: "si usted quiere saber si el negro vende o no vende, permítale al público determinarlo con su albedrío y su inteligencia".

¿QUIÉN TIENE LA CULPA?
MARÍA LA BOLLERA
RESPONSABILIDAD DE LA SITUACION

¿Quiénes son y qué es lo que hacen?

En la producción de una telenovela intervienen varios factores que es necesario analizar para comprender la naturaleza y significado del género. Como producto de consumo, la telenovela depende de cuatro factores decisivos: el productor, el escritor, el director y los actores, que son los que finalmente aparecen ante el público.

Pero creemos conveniente, para determinar las responsabilidades en cuanto a la discriminación racial en la telenovela, agregar al ejecutivo, personaje por demás importante en la toma de decisiones con respecto a los teledramas, y, por supuesto, a los que ponen el dinero para que esta discusión exista: los propietarios de medios y casas productoras. A continuación, vamos a analizar el papel que cada uno de estos elementos juegan en la imposición de los esquemas racistas en telenovelas y seriados en general.

EL PRODUCTOR

El productor de una telenovela puede sugerir a un actor para desempeñar la representación de un personaje, por ejemplo, pero quien tiene la última palabra para la aceptación o no de este actor, es la gerencia de producción, es decir, los ejecutivos.

El productor es un facilitador y, si se quiere, la mano derecha del escritor para hacer "realidad" lo que está en el libreto. En la televisión venezolana es un administrador delegado que se desempeña dentro del campo técnico y funcional, pero que tiene muy poca injerencia en el proceso de planeamiento creativo y de desarrollo de la trama de una telenovela.

Sin embargo, el analista **Manuel Bermúdez** nos sugería que, amparado en su condición de administrador delegado de los inversionistas, el productor establece ciertos cánones y normas de carácter pragmático que por lo general inciden dentro de lo sintáctico y lo semántico de la obra, y que de su intencionalidad depende la calidad del mensaje, porque su función logística regula el proceso semiótico de la producción. Pero, en los hechos, el trabajo del productor es el de hacer posible el planteamiento del escritor.

EL ESCRITOR O LIBRETISTA

El libretista, en el código televisivo, diagrama una historia que luego los dialoguistas convierten en escenas y capítulos. Vale decir, que la escritura telenovelesca es una escritura plural. El libretista guarda cierto sentido de fidelidad con la realidad, y la telenovela respeta la iconicidad de los objetos y los hechos para, en una palabra, hacerse verosímil.

Una telenovela, si cuenta con el favor del público, perdurará hasta el capítulo previsto por la gerencia de producción de manera inalterable en cuanto a su idea original. Pero si ocurre lo contrario, de no recibir el favor del espectador, entonces será modificada tantas veces como escritores vayan pasando por esa producción.

El rating se convierte en *feedback* tanto para los ejecutivos como para los escritores, y los primeros ejercen sobre los creadores tal presión, que éstos terminan, muchas veces, renunciando a seguir escribiendo la obra. Claro está que, cuando el éxito es una constante, hay más respeto hacia los escritores, y éstos tienen mayor libertad de creación. Ahora bien, ¿cuál es la responsabilidad del escritor en la discriminación racial en las telenovelas?

El escritor **César Miguel Rondón** consideraba que a los actores negros había que darles un trato más dignificante y no otorgarles sólo papeles de malandros, policías o sirvientes. Sin embargo, afirmaba este autor, que es difícil acabar con esa serie de estereotipos y vicios con que trabajan los escritores de telenovelas en Venezuela. El hecho de que un buen actor negro no trascienda hasta los papeles estelares es tan sólo uno de los prejuicios que venían padeciendo nuestras producciones. Sentenciaba Rondón que:

"…hay que acabar con la discriminación racial, porque no se debe seguir subestimando el talento, colocándolo por debajo del color de la piel. Ya está bueno que

los sirvientes, los policías y los malandros, sean interpretados por negros. Hay que hacer un esfuerzo por valorar más el talento, que el color de la piel".

No obstante, con todo el respeto que se merece una opinión acertada como la de César Miguel Rondón, es indudable que la presión abrumadora que se ejercía (o se ejerce) sobre el escritor y sus dialoguistas por parte de los ejecutivos, maniata a los escritores y no les da mucho margen para proponer conceptos que desdigan las reglas impuestas por la industria.

En principio, la premura con que se producía una telenovela en Venezuela no permitía mayores libertades, había que ganar el rating a como diera lugar, sin salirse de las normas del departamento de Control de Calidad (una oficina que vigilaba el ambiente internacional de la telenovela). Así que para el escritor lo importante era (y sigue siendo en los países en donde aún se producen telenovelas) ganar la pelea por el primer lugar. Y punto.

El escritor no se planteaba probar cambios en el sentido de presentar al negro como un elemento exitoso y capaz, y al no tener injerencia en los castings, podía sugerir, pero al final la determinación la tomaba el grupo de ejecutivos del área, que eran quienes imponían el sí o el no para asignar a un actor en determinado papel. Antes de que la telenovela fuera abolida por el régimen de Nicolás Maduro, sólo a algunos escritores se les permitía, por su prestigio, participar de estas asignaciones (Cabrujas, Rondón, Leonardo Padrón) pero siempre en el marco de serios controles.

Al respecto, el escritor **Carlos Alfonso Pérez** (La cuaima, Hay amores que matan, Los amores de Anita Peña, Los querendones, y otras producciones) nos comentaba que, en alguna ocasión en la que quiso ir más allá, proponiendo a una actriz negra como protagonista de un seriado, la negativa del ejecutivo de turno fue explicada en estos términos: *"Cada loro en su estaca, tú escribes y yo te pago; lo demás déjanoslo a nosotros"*.

Sin embargo, hay que dejar claro que, como caso excepcional, aparte de *Todos fuimos culpables*, (Enrique Jarnés, Radio Caracas Televisión, 1959) y Juanito y Él (RCTV, 1982), ambos protagonizados por Tomás Henríquez, sí se produjo en Venezuela una telenovela venezolana en la que la figura principal fue una afrodescendiente.

Hablamos de *Tomasa Tequiero* (Venevisión, 2009), original de **Doris Seguí,** en la que la autora, por cierto, no elaboró una historia "de negros" ni "para negros" y, aun así, el papel protagónico le fue asignado a la actriz Gledys Ibarra. Este es un dato interesante puesto que nos hace pensar que el criterio que prevaleció en el casting no tenía que ver con motivos raciales sino con la calidad histriónica de quien debía interpretar al personaje.

Otro detalle importante es que *Tomasa Tequiero* fue una producción exitosa, lo cual queda evidenciado en que la misma tuvo 125 emisiones, y es harto conocido en el medio que una telenovela que fracasa difícilmente llega a 50 capítulos.

"No todo lo que se enfrenta puede cambiarse, pero nada puede cambiar hasta que se enfrenta."

— *James Baldwin*
Este libro no busca señalar culpables, sino encender luces en la oscuridad del olvido.

La televisión actual y el futuro de la representación

EL DIRECTOR

El director actúa como un intérprete y traductor del texto telenovelesco, y es quien traduce en imágenes lo que dicen las palabras. La primera parte del trabajo del director consiste en la lectura del texto e interpretación de éste, y la segunda, en la planificación del trabajo.

Ha habido directores que son partidarios del trabajo colectivo, **César Bolívar** (ya fallecido) y **Luis Alberto Lamata** (también fallecido), por ejemplo, se reunían con los actores y técnicos para profundizar sobre el texto y el contexto en que se expresaban los personajes, así como también sobre la sintaxis del discurso televisivo.

Al respecto, Manuel Bermúdez nos agregaba que: *"Este plan de trabajo comprende la selección del elenco, el vestuario y maquillaje; así como la escogencia de escenografía, la musicalización, la iluminación y el tipo de cámara para el desglose técnico, hasta que finalmente se llega a la puesta en escena".*

La expectativa y la realidad.

Para el director **Luis Manzo,** las plantas productoras de telenovelas eran:

"Una especie de fábricas de hacer embutidos, donde no importa la calidad, ni mucho menos si el actor es bueno o malo, blanco o negro, mientras estén

donde deben estar. Para los ejecutivos de una planta comercial, en muchos casos, un buen director es aquel que diariamente puede sacar más de treinta escenas, la calidad es lo de menos, lo que interesa es la cantidad y la rapidez. Quizás en los primeros capítulos de la novela, el director planifica su trabajo, tanto técnico como artístico, se reúne con los actores y discuten los aspectos concernientes a los personajes. Pero esta maravillosa comunicación dura hasta el capítulo número 30 ó 40, aproximadamente".

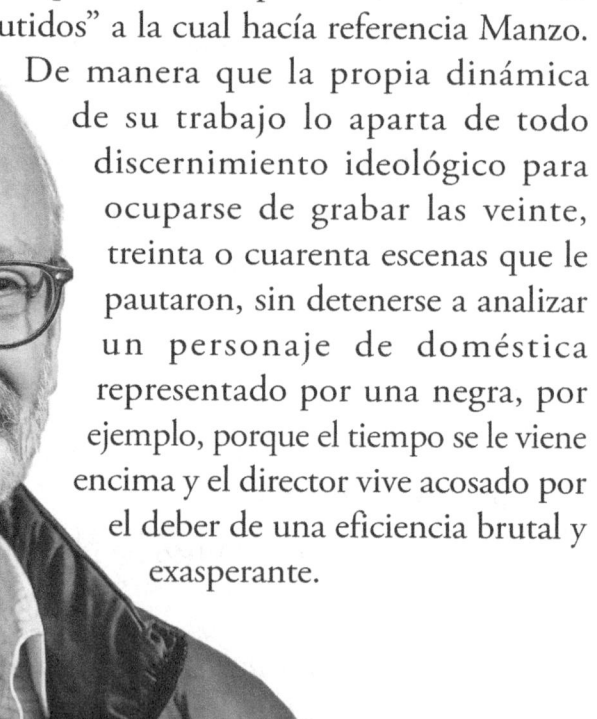

O sea, que lo que viene después es la "fábrica de embutidos" a la cual hacía referencia Manzo. De manera que la propia dinámica de su trabajo lo aparta de todo discernimiento ideológico para ocuparse de grabar las veinte, treinta o cuarenta escenas que le pautaron, sin detenerse a analizar un personaje de doméstica representado por una negra, por ejemplo, porque el tiempo se le viene encima y el director vive acosado por el deber de una eficiencia brutal y exasperante.

LOS EJECUTIVOS

Yo te cuido tu platica.

Los ejecutivos de una planta de televisión son quienes deciden, como ya lo hemos señalado, todo lo relacionado con la administración de los recursos económicos y humanos que el dueño de la planta pone en sus manos. Hasta el momento, el modelo de producción que los ejecutivos de estas industrias implementaron en Venezuela es el mismo que se sigue usando en los países donde se producen seriados: el de la producción inmediata, con poca planificación, el de comenzar a grabar hoy para salir al aire mañana, el de invertir en moneda nacional y ganar en dólares.

Es decir, que los ejecutivos son los responsables de que la inversión del propietario sea lo más rentable posible, de la forma y en los términos que ellos deciden, apegados a sus fórmulas de siempre.

Se debe reconocer que, en los últimos tiempos, ha habido algo de avance en la lucha contra los dogmas de la TV, pero, aunque algunos de los prejuicios de antaño fueron abolidos (un ejemplo son las llamadas "narconovelas"), la discriminación racial sigue siendo una constante. Por ahora, los ejecutivos ya no tienen problemas en apostar por la historia de un delincuente, pero todavía no se atreven a arriesgarse con una historia de negros, o en la que los actores negros tengan preeminencia.

En el trabajo de campo que hicimos cuando armábamos nuestra tesis de grado, algunos de los ejecutivos entrevistados por nosotros manifestaron su desacuerdo con la discriminación racial, y negaron rotundamente que este hecho social se practicara en las plantas de televisión que ellos gerenciaban. Pero Manuel Bermúdez nos decía que los ejecutivos racistas sí seguían existiendo, y que eran racistas más por ignorancia que por convicción, agregando que:

"La mayor parte de esos ejecutivos que empezaron trabajando aquí en Venezuela, eran de origen cubano o argentino, países por demás discriminadores históricamente. Posteriormente las empresas televisivas venezolanas, que en principio estaban en manos de venezolanos, dueños criollos, comenzaron a colegiar a grandes transnacionales (como la CBS, la NBC) e impusieron un criterio selectivo, discriminador, no solo a los actores, narradores de noticias, animadores, sino también a nivel ejecutivo… es muy difícil ver a un gerente negro."

Una caraota en la nieve.

En los años 60, Tomás Henríquez fue jefe del Departamento de Producción de Radio Caracas Televisión, y estuvo muy poco tiempo en el cargo porque, según él:

"Mi criterio para la escogencia de un elenco no se respetaba, imponían otras políticas que no voy a

92

discutir en este momento. Al poco tiempo renuncié porque no pude hacer nada, no me dejaban."

En una reunión de altos ejecutivos para la elección de un casting de un cuento de Rómulo Gallegos (RCTV), el director Luis Manzo propuso a un actor, Ron Duarte, que representaría a un personaje que en un momento determinado de la trama se fugaría, y nos decía Luis Manzo que:

"Este actor fue vetado, porque era negro, y la razón que expuso, uno de ellos, era que los negros no se fugaban porque nunca serían libres. Craso error, porque resulta que los negros en este país siempre estaban fugándose, a diferencia de Cuba que es la tierra donde nació el ejecutivo que sostuvo este criterio."

El actor José Luis Silva estimaba que:

"La responsabilidad en cuanto a la discriminación racial, debería ser compartida por todos los que de alguna manera estamos integrando el medio, para enfrentar a lo que es un plante ejecutivo, que maneja su empresa sencillamente como un hecho comercial más. El ejecutivo de las plantas comerciales del país, no piensa en el personal como seres humanos, sino como engranajes, pequeñas partes de una maquinaria que va a producir finalmente mercancía que se va a vender. Entonces de allí que todo el poder lo

asuman los ejecutivos, la gerencia, la presidencia de las empresas."

Entonces se podría decir que son los altos gerentes de los canales de televisión los que determinan qué es "bueno" y qué es "malo", según la conveniencia de las empresas, donde, obviamente, el factor económico es una realidad importantísima, y, por supuesto, no los podemos eximir de responsabilidades en cuanto a la discriminación racial dentro de la telenovela.

De aquellos barros vienen estos lodos

En primer lugar, debemos recordar el hecho de que la telenovela como género proviene de Cuba, y que nuestros primeros técnicos televisivos llegaron desde la CMQ. Hablamos de una tropa de directores, escritores, y ejecutivos, que fueron a Venezuela a colaborar con el desarrollo de la industria de la televisión, y llevaron no solamente sus conocimientos, sino su manera de ver la vida a través de los libretos de radio y televisión, reproduciéndolos una y mil veces hasta crear estereotipos en el lenguaje y en la actuación.

En segundo lugar, tampoco se debe pasar por alto que Venezuela también fue una colonia española, y que también tiene, con sus bemoles, tradición racista. Pero el sustento más importante de mitologías como la de que el negro no ayuda al negocio, proviene de la ceguera de unos personajes a los que sólo los anima la eficiencia del rol económico que les fue asignado. Y aquí volvemos a lo que más arriba habíamos prometido comentar, sobre el papel de quien aporta el dinero para que la telenovela y los productos televisivos existan.

LOS PROPIETARIOS DE TELEVISORAS Y PRODUCTORAS

Esa plata es mía.

A un inversionista no se le puede pedir otra cosa que no sea el éxito de su negocio. Mientras no le esté haciendo daño a nadie ni lucrándose con lo indebido, su norte y su obligación es reproducir su capital. Y si su negocio fracasa, pues, ese es su problema. Pero hay que hacer excepciones, porque la telenovela no es cualquier producto ni cualquier negocio.

Obras como *El derecho de nacer* o *Cristal* detenían literalmente a ciudades enteras que necesitaban con urgencia su dosis diaria de amores contrariados. En la Cuba castrista luego de que permitieran la transmisión de la telenovela brasileña *Vale todo* (1988) de Gilberto Braga, Aguinaldo Silva y Leonor Basseres, se impuso (aunque luego el estado lo escamoteó) un modelo económico basado en el estilo de vida aspiracional que se presentaba en esa producción. Así fue como nacieron los "paladares" cubanos, los célebres restaurantes que funcionaban en las casas como emprendimientos familiares.

La telenovela *La esclava Isaura* (2004) de Bernardo Guimaraes, tuvo tanto éxito en China, que originó el hecho insólito de una cantidad desaforada de niñas chinas a las que bautizaron con ese nombre. Y en Venezuela, para bien o para mal, *Por estas calles*, llegó a ser calificada, y con absoluta razón, como "la telenovela que tumbó a un presidente".

Párame eso ahí.

De manera que, si alguien quiere invertir o arriesgar su capital en una fábrica de chorizos, o comercializando un enderezador de cambures, está en todo su derecho. Pero cuando hablamos de un producto que tiene tanta incidencia en la vida social y, particularmente, como modelador de conductas, entonces hay que exigirles la responsabilidad del caso.

Y no se trata de que el estado intervenga y obligue al financista a transmitir contenidos educativos, sino de que el propio empresario esté consciente de la influencia que su mercancía tiene en el mundo y en la gente, y en consecuencia ofrezca obras que, con el solo deber de la verosimilitud, sean capaces de enaltecer a su propia sociedad, mostrándola sin complejos en la belleza de su rostro plural.

Entonces, la primera gran responsabilidad con respecto a la preterición del negro en las telenovelas, indudablemente la tienen los que ostentan el control económico del género y del negocio. Porque no solamente nos están relegando a los negros, en nombre de unas teorías inventadas por los "especialistas" a los que pusieron a administrar su dinero, sino que están "negreando" la verdad de todo un país, y si es así, es mejor que opten por fabricar embutidos.

El consejo que les daríamos, si se nos permite, a los señores dueños de los canales y de las productoras, es que conformen su nómina ejecutiva, artística y operativa con gente que sepa vender calidad y no prejuicios

EL ACTOR

Ayúdate que yo te ayudaré.

Como ya lo hemos dicho, el actor es el último tranco en el proceso de creación de una telenovela, desde que es concebida hasta que sale en pantalla. Él es el que da la cara y dice el texto, bueno o malo, y encarna la historia que los ejecutivos decidieron producir y poner al aire. De manera que los actores tienen muy poca incidencia en la discriminación racial que se ve en la pantalla porque no son ellos quienes determinan cuáles serán los rostros que darán vida a los productos televisivos.

Pero, si el actor negro se aparta, por endorracismo, de la posibilidad del éxito y se achicopala frente al reto de crear un personaje, entonces él también es responsable de la preterición que ha sufrido

No hemos sabido, por ejemplo, de actrices blancas que se nieguen a protagonizar con un negro porque sea negro. De lo que sí tenemos noticia es de que lo ejecutivos siguen imponiendo la estética "blanca", y de que reciben en su equivocación el apoyo de los actores negros que no se presentan a los castings, o que los hacen sin hambre de grandeza y anteponiendo ellos mismos sus propias limitaciones.

Trabaja, negro, trabaja…

Un actor afrodescendiente no tiene por qué verse a sí mismo como un "actor negro", sino simplemente como un actor y, si el sistema busca soslayarlo, entonces su deber es emanciparse hasta demostrar, con su talento y su disciplina, que es un buen actor, como lo hizo en su momento Tomás Henríquez, y como lo seguiría demostrando (si el género existiera en Venezuela) nuestra querida Gledys Ibarra.

De mi parte, como negro y como actor, pueden contar conmigo para encabezar esa rebelión y asumir en un seriado el personaje que sea, más allá de Eudomar Santos y de su graciosa estampa faramallera.

TRANQUILO, POLLO, QUE EL AGUA ESTÁ HIRVIENDO[20]

---

20 Expresión coloquial de uso popular en Venezuela. Se emplea como advertencia velada o comentario irónico ante una situación que está a punto de tornarse peligrosa, irreversible o decisiva. En este contexto, alude a un momento de tensión histórica y simbólica: algo está por estallar, aunque aún se le pida calma al interlocutor.

*"Nadie nace odiando
a otra persona por el color
de su piel, su origen o su religión."*
— **Nelson Mandela**

El futuro será luminoso cuando
el espejo de nuestras pantallas
refleje todas las miradas.

A MODO DE CONCLUSIÓN

Fuenteovejuna, todos a una.

El final de esta exploración nos deja un regusto de múltiple responsabilidad, que nos obliga a revisar el estado mental con el que hemos permitido o hecho posible un absurdo tan vergonzoso como el de la segregación de los negros en la pantalla televisiva. Y la primera instancia a la que hay que señalar en este sentido es a la sociedad en su conjunto.

Los latinoamericanos, a estas alturas de la historia y del desarrollo de la humanidad, si en verdad aspiramos a formar parte dignamente del concierto planetario y convertirnos en algo mejor que el "tercer mundo", hace rato que debimos habernos despedido de doctrinas arcaicas y prejuicios oxidados, y superar el esperpento histórico del racismo. Deberíamos entender que ya no es viable seguir tomándonos a broma algo tan lamentable como la discriminación de un grupo social por otro, y asumir sin complejos nuestra identidad multiétnica para gritarle al mundo con orgullo que somos esto que están viendo y no otra cosa.

De seguidas, es importante poner el dedo en el entendimiento de los inversionistas, para que sepan, en primer lugar, que el negocio de la ficción audiovisual es mucho más complejo, delicado y determinante desde el punto de vista social, que cualquier otro negocio. Aquí no se está jugando únicamente la suerte de un capital, sino el perfil de una sociedad que por cuenta de las ficciones con las que se identifica será capaz de desarrollar el espíritu de grandeza que reclama su futuro, o la vergüenza de no encontrar gracia en sí misma y por consiguiente condenarse al fracaso y la dejación.

Es la misma advertencia que debe hacérseles a los ejecutivos de televisoras y productoras, para que sean más ingeniosos y no reduzcan la defensa de los intereses que pusieron en sus manos a fórmulas tan insulsas como la de que "el negro no vende" o como la deflación conceptual de todo producto televisivo, supuestamente en razón de que lo complejo "no sube cerros".

Ya lo dijimos: el público es mucho más inteligente de lo que ellos han pensado hasta ahora y, si no se quieren quedar solos en el pasado, están en la obligación de estudiar más a fondo la conducta del público y admitir el talento que tiene el televidente para demandar la forma y el fondo de los contenidos que consumirá.

De idéntica manera, a los productores también les toca ponerse a tono con los tiempos que corren y mínimamente garantizar en su *staf* de talento actoral a la amplia gama racial que compone a la sociedad en la que él vive y trabaja, para que, acto seguido, los directores, por más que trabajen en el sistema de eficiencia despiadada que los abruma, estén atentos a la exclusión de todo estereotipo (verbal o corporal) en la formulación de los personajes por parte de los actores.

El escritor, que es también un investigador social, debería, igualmente, pararse en la raya y defender sus propuestas con aplomo. Y asimismo el actor, que, antes que blanco, negro, indio o chino, es actor y punto, y eso no sólo conlleva el abandono de actitudes endorracistas, sino, además, la responsabilidad de profundizar psicológicamente en sus personajes.

Es la historia de un amor como no hay otro igual.

La telenovela, como hemos dicho, a pesar del pensamiento *woke* y de las pretensiones izquierdistas de menospreciarla como género, sigue viva, aunque a ratos parezca acorralada. Ciertamente, ahora se deben remozar su formato y sus planteamientos, apostando por la audacia y el realismo, y se debe abandonar para siempre el dislate de la producción frenética y atropellada.

Digamos que, a la telenovela, de alguna forma hay que desparasitarla como género y hacerla digna del siglo 21, para que tenga la misma calidad de los productos que hoy exhiben las plataformas, porque, de hecho, muchas de las series exitosas del *streaming* hoy por hoy, en el fondo no son más que telenovelas. Más cortas, atrevidas, pero telenovelas.

No olvidemos que el amor es un tema que la humanidad siempre querrá contar y que le cuenten. Sólo pensemos que el progreso de la humanidad está ocurriendo, a pesar de las mentes atrasadas, y que debemos ponernos a la altura de sus exigencias.

Por último, valga un comentario sobre Venezuela y la forma en que su futuro ha de verse expresado en la pantalla. Si algo es provechoso para la edificación del nuevo país por el que luchamos, es que el proceso histórico venga acompañado de una pujante expresión cultural que sostenga su grandeza.

La Venezuela a la que necesitamos volver, debe hablar por medio de una pantalla constelada de ofertas, con RCTV y todas las empresas que tengan el músculo económico y la responsabilidad social que se requiere para que renazca esa industria audiovisual poderosa y deslumbrante que tuvimos, y la supere con creces en libertad, en éxito económico y en calidad.

Hablamos de una televisión libérrima, que no censure la crítica social ni la pluralidad de pensamiento, Una televisión que se erija en catalizador de la vida social, que enaltezca con orgullo nuestros valores identitarios y nuestra dignidad como pueblo. Una televisión que proponga conductas positivas sin renunciar al verismo más puro y expresado de manera resuelta y valiente.

Una televisión que no desestime al espectador y lo ponga a decidir sus preferencias con base en su discernimiento. Y, por último, una televisión que haga las denuncias y genere las alertas necesarias para que Venezuela no vuelva nunca más a caer en la trampa ideológica que la hizo derivar a los tiempos más tristes y oprobiosos de su historia.

ENTREN QUE CABEN CIEN

UN POCO MÁS DEL SENTIR DE LA GENTE DEL MEDIO CON RESPECTO AL TEMA

Soraya Sanz.

"La única manera de entrar en esto fue insistiendo mucho… además, lo del colorcito, este colorcito de los venezolanos de tez oscura no me ayudaba mucho. Me perjudicó tanto, que hasta en la radio tuve problemas".

Manuel Bermúdez.

"Los actores tienen finalmente la mayor responsabilidad del mensaje, porque además de convertir en realidad a un personaje que está hecho de palabras, al mismo tiempo se convierten en productores de nuevos signos, que no aparecen en el libreto".

"En el negro se produce un fenómeno psicológico para entrar a trabajar en la televisión. Yo diría que priva el prejuicio social, es decir, yo soy negro y no me van a aceptar con este 'colorcito'".

Tomás Henríquez.

"El negro es muy pasivo, muy temeroso, le falta la audacia, la capacidad, el mejoramiento profesional,

es conformista y, por lo tanto, también es culpable de ser discriminado en la televisión".

"Cuando un actor tiene una bonita trayectoria, o una buena trayectoria, los directores, escritores, productores, se pliegan un poquito a las exigencias que en un momento determinado pueda hacerle un actor. Cuando el actor es nuevo es mucho más difícil".

"Cada personaje tiene una psicología diferente, yo he personificado campesinos, gente de pueblo. Pero yo trato de ponerle a mis personajes detalles, que no son del personaje anterior".

"A mí me molesta cuando dicen: el pelotero, o el actor de color. ¿De cuál color?"

"En la industria, lo importante es que el actor sea bonito o bonita, no si es actor o actriz. Yo no he sido bien aprovechado".

"Los escritores escriben más para blancos que para negros... me refiero a los escritores con comillas sin solidez intelectual".

"Lo que no entiendo es por qué un negro no puede ser inteligente".

Amalia Pérez Díaz.

"Si se quitaran esa idea de que porque son negros no van a llegar, podría haber mejores resultados".

"En nuestra telenovela hay un serio problema racial; pero no es de la empresa, es del pueblo".

"Yo no puedo creer que ningún blanco no se pueda enamorar de una actriz como Gledys Ibarra, no me lo imagino. Nadie piensa en esa actriz para protagonista y podría serlo".

Pedro Durán.

"La discriminación es un problema cultural y económico, y la responsabilidad del artista negro está en no dejarse oprimir por las adversidades, y comportarse no como víctimas, sino como triunfadores".

"Yo creo que el actor negro tiende a desaparecer por su propio miedo a ser discriminado".

Antonio Machuca.

"Desde que comencé en la televisión siempre he hecho los mismos papeles, los de negros, no me voy a poner a inventar sobre lo que ya está inventado... Hacer lo contrario significa perder el bocado de arepa...".

María Cristina Lozada (actriz y gerente de producción de VTV).

"El negro en Venezuela logra posiciones básicamente a través de la política, el deporte y el arte, que el blanco, en cambio, tiene poder y dinero por herencia porque 'nadie se hace rico con quince y último'".

"Ahora en VTV, vamos a tener una novela en la que necesitamos que trabajen todos los negros de Venezuela, yo necesito negros bellos física e internamente. Parece que vamos a tener que pintarlos para que queden negros–negros, ya que en este país no existen muchos negros puros".

"Siento que los negros cometen el error de hacer el papel de blancos… disfrazar a un negro de blanco es racismo, como lo es pintarle el pelo y colocarle lentes de contacto azules a una morena".

"Las telenovelas deben ser creíbles, y las situaciones que allí se presentan deben ser socialmente comunes, yo no podría nunca hacer de Guajira… ni Franklin Virgüez de nazi".

Gledys Ibarra.

"Yo comencé en el programa Sábado Sensacional como modelo".

"Básicamente mis personajes han tenido la particularidad de no poseer bienes materiales, ni

112

pertenecer a una clase social poderosa económicamente, pero sí he realizado personajes que son profesionales. En la telenovela "La Intrusa" (RCTV) hacía una periodista y mi papá (Tomás Henríquez) era un ingeniero".

"Generalmente al negro lo ponen a hacer papeles muchas veces indignos… pero, el actor debe hacer grande todo personaje que le toque representar".

"…vamos a estar claros en relación con el talento; creo que cuando la gente se preocupa por estudiar y mejorar dentro de su profesión, tiene oportunidades".

"Sería un batacazo una telenovela o serie protagonizada por Franklin Virgüez y yo, de eso no tengo la menor duda… y que se quiten de la cabeza los que gerencian la televisión, que porque se es negro no se va a ver una telenovela en el exterior".

Egnis Santos.

"Nuestras telenovelas… distorsionan valores éticos sustituyéndolos por falsos… el lema es: 'El pobre triunfa si se casa con un millonario' ".

"La mayoría de los libretistas están haciendo telenovela convencional. Creo que la telenovela se ha estancado. Pero no debemos olvidar, en descargo de los escritores, que reciben muchas presiones, de rating, y de todo tipo".

113

"El negro no protagoniza telenovela… porque se siguen conservando patrones culturales y se asocia al negro, con inferioridad, malandros, ladrones, flojos, etc. Ahora bien, eso ocurre en la telenovela, porque en la sociedad también".

"La discriminación en Venezuela es sutil".

Gilberto Pinto (dramaturgo).

"La raza blanca a través del padre Bartolomé de las Casas, decidió que el negro era una especie de animal trabajador… eso creó una mentalidad en el hombre blanco, de que el hombre negro no servía sino para eso, para los oficios subalternos".

"…no podemos pensar que la discriminación es producto de la TV, no, es una alienación histórica".

"…estamos perdiendo la oportunidad de mostrarle al mundo cómo es Venezuela".

"Yo soy un creador y en ninguna de mis creaciones hay un parlamento discriminatorio para un negro… y si un ejecutivo me viene a reclamar u objetar eso, yo le diría toma tu contrato y anda a lavarte ese trasero".

José Antonio Guevara (vicepresidente de producción de RCTV).

> *"...la telenovela es terriblemente rutinaria, la muchacha protagonista se parece mucho de una telenovela a otra, de la misma manera los galanes".*

> *"Nuestra telenovela es una cosa que se lanza sin saber muy bien dónde va, hay una ruta, pero puede ser cambiada... en la medida en que va gustando una trama o un personaje".*

> *"...la telenovela como tal no existe en los Estados Unidos, se trata de un género muy caribeño muy nuestro... en la televisión norteamericana el elemento que se persigue es el poder, en tanto que, en la venezolana, y concretamente en la telenovela, la motivación principal es la filiación".*

Ligia Montañez.

> *"Para lo empleadores de grandes empresas, la buena presencia es fundamental. Ahora bien, muchos de ellos consideran la buena presencia en el color de piel... es decir, que no pueden evitar reconocer que ellos prefieren la piel blanca y los cabellos rubios. Tener buena presencia encierra un estereotipo donde el negro no tiene oportunidad".*

> *"La población negra, tradicionalmente, como la marginal, tienen mucho que decir, pero lo dicen de una manera que no llena los requisitos formales".*

"Sin embargo, para mí, lo que está más cerca de lo estético, de lo bello, de lo hermoso, es la estética negra".

"Es innegable que un feo para actuar y funcionar en televisión debe ser muy buen actor, mientras que un bonito tiene parte de la batalla ganada".

José Luis Silva.

"Quiero contarte una anécdota referida a mis comienzos en la televisión por allá por los años sesenta, y fue cuando me gané un premio como 'revelación del año', y un director con mucha experiencia en el medio, me dijo: 'Mira José Luis, tú eres muy buen actor, pero lamentablemente eres negro, y te quiero decir con sinceridad, que no aspires en este medio a tener pretensiones de protagonista'".

"Sólo en estos últimos años vemos con preocupación, por parte de un sector del público, malestar por esa discriminación. Vamos a ver qué ocurre".

"El ejecutivo no piensa en el personal como seres humanos, sino como engranaje, pequeñas partes de una maquinaria, que va a dar un producto final para exportar".

Evelyn Berroterán (actriz).

"El negro históricamente ha estado marginado, nosotros siempre hemos recibido el rechazo y la desaprobación. Yo me vine a dar cuenta de esta situación desde que estudiaba en

116

la escuela primaria, y aquí en la televisión cuando me siento estancada como profesional de la actuación".

"Los catires pueden que no tengan talento, pero llegan con más facilidad que los otros".

*"La representación
no es un acto inocente:
es el campo donde se libra
la batalla por existir."*
— Stuart Hall

Reflexión final

En el mapa audiovisual de América Latina, la representación afrodescendiente ha sido más que un tema estético: ha sido un termómetro moral. La televisión, espejo colectivo de nuestras aspiraciones y prejuicios, ha construido durante décadas un relato donde la negritud fue tolerada, pero rara vez celebrada. En ese vacío simbólico se inscribe *Quién ha visto negro como yo*, una obra que, más que señalar culpables, **busca despertar la conciencia dormida de un continente acostumbrado a blanquear su reflejo.**

Franklin Virgüez, con la doble mirada del testigo y del creador, nos invita a reconocer las cicatrices culturales que dejó una industria televisiva diseñada para excluir, pero también a rescatar los gestos de resistencia que han sobrevivido entre los márgenes. Este libro se levanta como un documento histórico sobre la representación afrodescendiente en los medios hispanos, comparable — por su profundidad y honestidad— con los análisis de **Bell Hooks y Stuart Hall**, trasladados aquí al pulso emocional del Caribe y de América Latina.

El texto de Virgüez se enlaza con una nueva ola de representación que está reescribiendo el imaginario latinoamericano. En **Brasil**, figuras como **Taís Araújo** han roto la frontera del color en la televisión nacional, protagonizando telenovelas y series donde el amor y el poder ya no tienen tonalidad asignada. En **México,**

Yalitza Aparicio se convirtió en símbolo de dignidad global al encarnar en *Roma* una voz indígena silenciada por siglos, abriendo paso a una sensibilidad que reconoce la diversidad como fuerza narrativa.

Mientras tanto, en plataformas internacionales como **Netflix** o **Telemundo**, una generación de actores **afrolatinos** —de ascendencia colombiana, cubana, dominicana y venezolana— empieza a reclamar su espacio desde historias que no giran en torno al estereotipo, sino a la humanidad compartida: profesionales, líderes, soñadores, protagonistas sin apellido de color. Estas transformaciones confirman que el discurso que antes solo se susurraba desde los márgenes hoy exige ocupar el centro de la pantalla.

En ese contexto, *Quién ha visto negro como yo* no es únicamente un libro sobre Venezuela; es un llamado continental a **preservar la memoria, desmontar los prejuicios y reconocer la belleza de la diversidad en la cultura hispana.** Con una estructura refinada, citas completas y una edición coherente, la obra puede trascender el ámbito académico para convertirse en un texto de identidad, enseñanza y reconciliación.

Porque toda historia que se niega termina repitiéndose, y todo rostro que se oculta borra una parte del alma colectiva. Este libro nos recuerda que vernos —**y vernos todos**— es también una forma de libertad.

Nota al lector

Esta historia no termina aquí. Las páginas que acabas de leer no son un punto final, sino un espejo abierto hacia la vida diaria de nuestra gente. Porque el racismo —visible o invisible— no habita solo en los guiones, sino en las miradas, en los silencios, en los espacios donde aún cuesta reconocerse y aceptar la diferencia como riqueza.

Te invito a continuar esta conversación más allá del papel. Comparte tu opinión, tu experiencia, tu punto de vista sobre cómo hemos avanzado como sociedad y qué nos falta para alcanzar una verdadera igualdad. Cada palabra tuya puede sumar a una reflexión colectiva que sigue escribiéndose, cada día, en la calle, en las escuelas, en los medios y en las pantallas.

Usa el **hashtag #NegroComoYo** en redes sociales y únete a este diálogo que no tiene fronteras. Cuéntame cómo ves tú la televisión, la representación, la historia y el futuro. ¿Qué hemos aprendido? ¿Qué aún debemos mirar de frente?

Tengo un profundo deseo de conocer tu percepción después de estas reveladoras líneas. Porque este libro no busca cerrar heridas, sino abrir conciencia.

Y quizás, en esa conversación que ahora comienza contigo, encontremos juntos **el próximo capítulo de una historia que apenas empieza a verse con todos sus colores.**

"Cuando una imagen no refleja todos los rostros, deja de ser espejo y se convierte en frontera."
— **Franklin Virgüez**

Made in the USA
Columbia, SC
15 March 2026

80232801R00075